国家自然科学基金项目资助（编号：41172254）

邂逅云南德钦

——天人共处篇

魏云杰 梁宏锟 李 慧 等 编著

气象出版社
China Meteorological Press

图书在版编目（CIP）数据

邂逅云南德钦：天人共处篇 / 魏云杰等编著. —北京：气象出版社，2020.9
ISBN 978-7-5029-7242-4

Ⅰ.①邂… Ⅱ.①魏… Ⅲ.①德钦县－概况 Ⅳ.①K927.44

中国版本图书馆 CIP 数据核字（2020）第 136702 号

邂逅云南德钦——天人共处篇
Xiehou Yunnan Deqin ——Tianren Gongchu Pian

出版发行：气象出版社
地　　址：北京市海淀区中关村南大街 46 号　邮政编码：100081
电　　话：010-68407112（总编室）　010-68408042（发行部）
网　　址：http://www.qxcbs.com　E-mail：qxcbs@cma.gov.cn
责任编辑：王萃萃　　　　　　　　　终　　审：吴晓鹏
责任校对：张硕杰　　　　　　　　　责任技编：赵相宁
封面设计：北京时创广告传媒有限公司
印　　刷：北京建宏印刷有限公司
开　　本：889×1194　1/32　　　　印　　张：3.25
字　　数：95 千字
版　　次：2020 年 9 月第 1 版　　　印　　次：2020 年 9 月第 1 次印刷
定　　价：30.00 元

本书如存在文字不清、漏印以及缺页、倒页、脱页等，请与本社发行部联系调换

本书编写组

顾　问：殷跃平

主　笔：魏云杰　梁宏锟　李　慧

编　辑：王俊豪　刘明学　闫茂华

　　　　王支农　邵治涛

编　绘：梁宏锟　邵治涛　侯世博

目 录

1 观水有术,必观其澜——澜沧江 / 001

2 大自然带来的斑痕 / 009

3 雪山脚下的村落 / 017

   地质灾害防治小贴士——泥石流 / 024

4 梅里最耀眼的明永冰川 / 026

5 滑坡危险下的拉金神谷 / 035

   地质灾害防治小贴士——滑坡 / 043

6 大山的皱纹 / 045

   地质灾害防治小贴士——崩塌 / 052

7 来梅里雪山"找自我" / 053

8 彰显民族特色的建筑 / 060

9 滇藏之路——茶马古道 / 071

10 别具一格的民间文化 / 079

参考文献 / 095

1 观水有术，必观其澜

——澜沧江

《说文解字》释义——"大波为澜"；

《孟子·尽心》有云——"观水有术，必观其澜"；

《释名》曰——"风行水波成文曰澜。澜，连也，波体转流相及连也"。

澜沧江，总是一番浩荡壮阔、惊涛骇浪的景象，水流湍急像是迫不及待地要冲破虫茧的蝶，江水辽远像是银河倾泻碎星点缀的丝带。

澜沧江，藏语又称"拉楚"，意为"獐子河"，发源于青藏高原唐古拉山，流经青海、西藏和云南三省（自治区），是世界第七长河，亚洲第三长河，东南亚第一长河，主干流总长度4909千米，在中国境内长 2139 千米，干流在右岸支流昂曲（解曲）汇口以上称"扎曲"，也叫"杂曲"，都是藏语音译而来的称呼，意为"从山岩中流出的河"。

澜沧江于云南省西双版纳傣族自治州勐腊县出境后，又称湄公河，成为老挝和缅甸的界河。湄公河流经老挝、缅甸、泰国、柬埔寨和越南，过越南胡志明市流入中国南海。

《渡兰沧歌》是东汉时期的一首乐府歌：

汉德广，开不宾。度博南，越兰津。渡兰津，为他人。

歌谣记载于范晔《后汉书·西南夷列传》，在云南这片土地上悠悠扬扬地传唱了千百年，和着澜沧江的涛声，一唱一和，奔流不息的江水带着漫长的岁月，溅起的水珠啊，也会有回到澜沧江的那一天。

"澜沧江"也有"兰沧江"之称。澜沧江必经流之地有一县名为"兰坪"，在古时称"兰州"，于是澜沧江也就称为"兰沧江"，这里的渡口就叫"兰津"。地处旧州桥街望江楼的大门横梁上至今还悬挂有一块匾，上刻"兰津揽胜"，正是观景澜沧江壮丽水色的渡口。

大美澜沧江景色之一

明代万历年间云龙知州周宪章，诗云《沧江》：

  黝黑三为渍，幽沉海若通。

  峡高江面缩，石叠濑声雄。

同是明代诗人张含，题诗《兰津桥南新开仄路险山》：

  兰津云南何崔嵬，水塞仄路盘空回。

  江氛岭祲日月翳，山狂谷狠猿猱哀。

  炎天风高屡见雹，严冬地迥常闻雷。

  钩藤毒葛四时茂，鹦哥杜鹃千树开。

凿开深山，奔驰在大峡谷之中的澜沧江，其惊其险,其壮阔其刚硬,"奔腾万壑,缭绕千峰",波浪起伏,场面恢宏,从诗人的遣词造句中即可窥得这份挥斥方遒般的苍劲之力。

澜沧江在德钦境内流程150千米,但这段江面海拔高达2006米,直线往上到卡格博峰海拔6740米,形成澜沧江深谷断裂地带,于是这段150千米的流程,便是澜沧江最为惊险的地段。这里谷地海拔高差4734米以上,从江面到顶峰的坡面距离有14千米,每千米江面平均上升337米,使峡谷北面呈现出近乎垂直状态,再加上极大的流水落差悬殊(李燕兰,2007),观德钦澜沧江,真可谓是"隔河如隔天,渡河如渡险"。

清代诗人黄桂有词一首《沧江赋》,其词云:

滇南之迤西,有江汹汹。

盘江带碧,捍围苍龙。

奔腾万壑,缭绕千峰。

盖西域之发派,而南海乎朝宗。

以其出鹿石山,旧有鹿苍之号;

抑又称曰兰津,此经兰州之道,厥后定其嘉名。

这里的鹿石山就是青藏高原唐古拉山的别名，因为是澜沧江的发源地，所以古时也称澜沧江为"鹿苍江"。无论"鹿苍江"还是"兰沧江"，沧粟一瞬，万事万物，不过流水匆匆；又沧海桑田，一花一木，总会轮回往复。

过了德钦G214国道，就进入了澜沧江峡谷，只见东环线虎跳峡的金沙江峡谷边静静的松树林，茵茵的绿草地，风吹草低见牛羊的牧场，星星点点的村寨；又见了澜沧江峡谷的荒芜与寂寥，四海八荒的孤独与险峻。

澜沧江，在西双版纳古时的傣族又称其为"南兰章"，意为"百万大象繁衍的河流"（李燕兰，2007）。澜沧江从青藏高原一路奔腾进入云贵高原后再出国，千沟万壑，浪淘金沙，尤其是在被誉为"最美雪山"的梅里雪山地段，在复杂的地势间，曲折蜿蜒成了一道奇观。

德钦地处青藏高原南延的横断山中段，金沙江、澜沧江夹峙云岭山脉的褶皱地带，东西横距在30～68千米间。澜沧江大峡谷的地理位置，岩石受变质作用显著,地质构造复杂,新构造运动又活跃,在喜马拉雅运动的影响范围内,特别受印度板块的强大推挤作用,形成高山耸立、深谷险堑、江流汹涌的景象。

澜沧江穿越梅里雪山西北侧的沟壑,流水清澈、翠色妍妍,岸上炊烟袅袅,一派高原江南的惬意安然景象。澜沧江大峡谷谷深且长,江流湍急。冬日清澈流急,夏季混浊澎湃,澜沧江年径流量8.38亿立方米,在150千米的流程里落差504米,平均比降3.4‰。澜沧江大峡谷里的江水狂涛击岸,水声如雷,在如此陡峭的高山纵谷地形下,奇异绝妙的地理构造中,隆声震天。

金沙江、澜沧江和溜筒江在德钦形成"三江"的高山深谷地貌,是德钦一处惊险的天然景观。德钦溜筒江村的溜筒江渡,是澜沧江的古渡口,也是茶马古道的必经之地。历史上的这个村子靠编制竹篾溜索供给进藏出藏的马帮渡江来维持生计。1946年春天,一个叫赖跃彩的客商决心为这里修一座铁

大美澜沧江景色之二

索桥。他集资并捐助14根直径1寸*的铁索,从遥远的内地驮来这里,建起了澜沧江德钦段上第一座人马吊桥,人们给它取名为"普渡桥"。

在普渡桥建成之前,竹篾溜索是"三江并流"地带进藏的唯一通道。过江之人将身体用绳索捆绑在一形如筒瓦(溜筒)的滑梆上,从溜索一端凭借惯性往对岸滑行,于是这条江流也就被称为"溜筒江"。"过溜"时无论人畜往往心惊胆战,这是拿生命

---

* 1寸≈3.33厘米。

做赌注，所以这条咽喉要道也有"溜筒锁钥"之说。

距今 70 多年过去了，溜筒江村已有了翻天覆地的变化。这里早已架起了铁索桥，但那段竹篾溜索过江的记忆，依然铭刻在溜筒江村人民的心中。这是人们向自然挑战的决心，也是人类与天博弈的见证。

2 大自然带来的斑痕

葱葱的松针间隙里透出的阳光,洒在清晨还有一点雾气的214国道上,每一千米的前行,都有着不一样的惊喜:惊诧于德钦的独特风貌,陡峻的山势,水声如雷的峡谷,郁郁葱葱的森林,巍峨挺拔的雪山,成群的牛羊,好奇的眼睛……喜悦于这份从自然那里继承的浑然天成,每缕阳光都那么温暖,每丝空气都那么清新,每滴水珠都那么澄澈,每双眼睛都那么晶莹……

德钦全县面积7273平方千米,主要对外通道是214国道,也叫滇藏公路,位于滇、川、藏三省交界处,处在青藏高原南延部位横断山的两江(金沙江、澜沧江)峡谷褶皱带上,这里雪山纵列、峡谷深切,东为云岭山脉，西有怒山山脉，均为南北走向，独特的地理环境，造就了德钦县境内地形的陡峻。放眼望去，高山叠起，地形坡度极大，地质构造复杂，地质环境条件脆弱，加之人类不合理的开发活动，德钦的地质灾害此起彼伏。

德钦的地质灾害在空间分布上，主要受到德钦地形地貌、地层岩性、地质构造及人类工程活动的影响。德钦县地质灾害点多沿南北向、北西—南东向断层带和褶皱带发育，由北向南存在五个灾害发育相对密集带。

而德钦的地质灾害在时间分布上，则主要受降雨量年际变化和年内变化的影响。德钦的降雨高峰年多为地质灾害高易发年。如1984、1988、1993、1999、2002、2009年，当年降雨量均为峰值，与此同时也是德钦地质灾害的高发年；而德钦每年内的月降雨量呈周期性变化，5—10月为雨季，7—9月降水大且集中，而德钦地质灾害的发生也多集中于6、7、8、9月四个月，其他月份则相对较少。

如果遇上德钦连续的暴雨天气，德钦县工作人员会望着逐渐攀升的河岸线，启动防汛减灾工作预案，地质灾害的防治工作也就紧张跟进。工作人员一个接一个冒雨出行，赶赴泥石流灾害的现场，安抚因山洪受灾的百姓。

即便灾害如此频频，无论是务农的农民、放牧的牧民，还是城市的市民，他们受这连绵山脉的荫蔽，也感恩这片世代繁衍的土地。无论大灾大难，汛情还是险情，他们都愿意陪着德钦这片土地同生死共命运。至信至纯的信徒们为德钦的山与水、风与雨、马儿与土地转山祈福。

德钦县政府一直强化"防范胜于救灾"的意识，高度重视全县的防汛减灾和地质灾害防治工作，以保护人民利益为己任，数十年来代代薪火相传，肩负德钦这片土地的地质灾害防治重任，艰难地带领德钦人民走向新生活。

2015年3月，云南地质工程第二勘察院编制并提交了一份《云南省德钦县地质灾害详细调查报告》。德钦县地质灾害类型复杂多样，主要有滑坡、崩塌、泥石流和地裂缝，调查中发现地质灾害点371

个，其中滑坡 115 个，泥石流 132 条，崩塌 122 处，地裂缝 2 处。

德钦的地质灾害每年都会给德钦人民造成成百上千万元的直接经济损失。由于县委、县政府的及时疏导，近年来很少有人直接丧生于地质灾害。但复杂的地质灾害给当地政府的防治工作带来挑战，也给人民的经济和人身安全带来威胁。

在德钦复杂的地质灾害中，以滑坡为主，泥石流次之；地质灾害规模以中、小型为主；地质灾害险情等级以小、中型为主；险情等级为大型及以上的有 7 处，中型的有 85 处，小型的有 266 处（王研，2016）。

德钦的滑坡地质灾害主要分布在城区公路沿线，以及县城周边的斜坡区，属于人口集聚的场所。所以灾害发生后常常使居民受困，工厂受灾，其经济损失日积月累非常严重，德钦的滑坡灾害多为浅层小型牵引式土质滑坡，常处于不稳定状态。

德钦的泥石流灾害主要集中于四条泥石流沟，直溪河、一中河和巨水沟的泥石流沟流体性质均为黏性，且暴发频率都很高。水磨房河与巨水沟泥石流沟的发育阶段虽为发展期，但同正处在旺盛期的直溪河、一中河泥石流沟一样具有极高的危险性。专家对这四条泥石流沟的危险性评估均为"大"（王研，2016）。

这四条泥石流沟的中上游地段，滑坡、崩塌、岩溜等堆积物较多，泥石流规模又都为大型，这对泥石流沟四周的产业和居民造成极大威胁。当地政府和相关专业人员、附近居民都在齐心协力，共同寻找应对措施和可取方案，争取将损失降到最低，还当地居民一片安乐祥和的家园。

德钦县城之所以有这样多的地质灾害，与它所处的地理位置、空间环境等有关。德钦是云南海拔最高的县城，位于三江并流的腹地，地处印度板块与欧亚板块碰撞结合带，地壳运动持续而剧烈，又处于环太平洋火山地震带，本身的地质结构和自然环境条件又非常复杂脆弱。地震对德钦崩塌、滑坡、泥石流等突发性地质灾害的诱发影响比较明显。

地形地貌对德钦的地质灾害点的分布，起到重要的基础性作用，影响着不同类型的地质灾害的空间分布。德钦县地质灾害主要分布在澜沧江沿岸、县城、金沙江沿岸。这些地质灾害密集的区域几乎都集中处在强烈切割的高中山峡谷区、中等切割的高中山陡坡区及构造溶蚀高中山沟谷区。

不同的地层结构发育出的地质灾害在数量、性质、类型上均有不同，而在坡形（坡高和坡角）相同的情况下，岩土体的坚硬程度和抗变形能力，对构成的斜坡稳定性起着决定性作用。德钦的地层岩性由于受构造作用的影响，岩体节理发育，结构破碎，风化强烈，为地质灾害的发生埋下隐患。而德钦地层多为较坚硬岩夹软岩或软岩夹较坚硬岩体组成的斜坡，或是由软弱岩体组成的边坡，特别是碎裂结构的坚硬岩夹软岩或较软岩夹较坚硬岩体组成的斜坡，此类斜坡非常不稳定（王研，2016）。

根据地质勘测者的统计勘察可以发现，在一些大的区域性的断裂破碎带，尤其是近期强烈活动的断裂带，滑坡、崩塌常呈线状密集分布。德钦的区域性断裂构造就有五个之多，分别为澜沧江断裂、金沙江断裂、德钦—雪龙山断裂、德钦—中甸断裂和羊拉—东竹林寺断裂（王研，2016）。

土壤侵蚀强烈的地区一般地质灾害发育较为频繁，而土壤侵蚀的发生与人类不可持续生产生活活动相关。德钦本来就是山区，山高坡陡，地形高差大，而为了资源开发和短期经济增长，过度的采伐、毁林开荒、不合理的工程活动，造成如今生态环境恶化，严重水土流失和土壤侵蚀现象。尤其是澜沧江沿岸和金沙江沿岸的乡镇，土壤侵蚀面积广，深度长，强度大，水土流失现象非常严重，加剧了滑坡、泥石流的产生。

人类对土地的利用是改造当地区域地形地貌的重要手段。德钦县城的居民集中区的基础建设、农田耕作、水利水电工程建设和矿产开发等，破坏了原本的植被覆盖情况，生态植被环境被摧毁，导致土壤侵蚀加剧，水土流失增多，这些都使得原本就脆弱的德钦县域更易发生地质灾害。

降雨是触发天然地形产生滑坡、坍塌的最主要的因素。当充沛的降水遇上脆弱的德钦地质状况，一场地质灾害的"腥风血雨"就会来临。地质灾害发生的时间分布与降雨强度时间相吻合，降雨的强度大小和年内分配均匀度直接影响着德钦的地质灾害发育强度。而暴雨、久雨在短时间内都会对斜坡产生巨大破坏，从而诱发大面积的滑坡、泥石流。

　　河流的侵蚀作用对改造斜坡的临空状态有着重要影响。斜坡的稳定性会因此而受到波及致使斜坡失稳，发生崩塌或滑坡等地质灾害。德钦的地质灾害多发育在河流、沟谷岸边，这类地区的灾害发育占比 80% 以上，而降水又会使山区河流、沟谷地表水暴涨暴落，常常直接引发地质灾害。

　　德钦是生长在大山大川褶皱间的城镇，是存在于大自然斑痕间的"生命"。德钦的山与水，路与人，城市与自然，灾害与节日，哀痛与欢喜……书写着这一方世代生活的人们对故土的眷恋、对雪山的崇敬、对神明的虔诚、对生命的信仰。

3 雪山脚下的村落

从雨崩村的窗户口往外望去,眼前虽然是群山连绵,脚畔却是满地鲜花在阳光下灿烂绽放;走出雨崩村的门槛,村周边虽然是在山腹凹洼雪山脚下,周围却是细风和煦、人声细语,一片祥和安然;路过雨崩村的羁旅游人,朝着大山的子民讨一碗酥油茶,解解路上的困乏,听听遥远的神话。你若想去仙境,那就来雨崩村吧。

雨崩村原是一处陶渊明都不曾发现的"世外桃源",神秘而隐晦。在雨崩村不曾为人知的时间里,这片旷野上飘荡过许多神秘的传说。相传雨崩村被发现,是因为梅里雪山后的一个老人常到西当村借粮所致。当时村里没有一个人知道借粮老人是谁,又是从哪里来。好事者偷偷跟踪借粮归去的老人,却屡屡跟丢。他们在好奇心的驱动下,在老人再来借粮时,便说:"这次我们不借给你青稞,也不借麦子,借给你小米。"他们帮老人将口袋扛上肩,又偷偷扎了一个眼儿,于是小米顺着老人返回的沿途断断续续地淌了一路。村民随着小米印记来到一块巨石下,小米的踪迹在这里消失。众人惊诧之余,决定掀开巨石,发现大石头下面别有洞天,是一条通往雨崩村的小路,至此,

3 雪山脚下的村落 | 019

雨崩村的窗外美景

雨崩村才被外界发现。

位于梅里雪山东麓的德钦县云岭乡境内的雨崩村，四面群山簇拥，地理环境独特，海拔3000米，行走其间有旷世桃源之感。全村只有20多户人家，人烟稀少，有西当方向和尼农方向两条驿道，以西当驿道更为方便。

雨崩中面泥石流则位于梅里雪山地质公园景区内，隶属于德钦县雨崩村。泥石流流域内分布着梅里雪山神女峰、五冠峰、将军峰、雨崩神瀑，仅有一景区泥面公路与西当村相连，交通闭塞难行，驿道上骡马踢踏在土石路上发出声声闷响，牵着骡马的雨崩人擦着额角的汗水不曾停下前行脚步。路途虽难，难不倒交流沟通的信念；交通闭塞，堵不住众人悠悠的企盼。

雨崩中面泥石流流域最高点在神女峰——高程5620米，雨崩中面泥石流沟口在雨崩下村——高程为3058米。二者的相对高差2500米左右，流域面积约有24平方千米，主沟道长度约8000米，流域地貌深切，呈"V"型谷；雨崩中面泥石流沟床狭窄，岸坡陡峻，切割深度较大，是一条典型的冰雪融水型泥石流。

受雨崩中面泥石流威胁的主要是临沟的 7 户约 40 人及一处寺庙，还有临沟沿线的牧场、牲畜等，估算受威胁的财产约 600 多万元，险情等级判定为中型。

雨崩中面泥石流随时失控的威胁，并没有让雨崩人民舍弃这片土地。他们选择在这里与自然共生共处：木质结构的平房，用山石搭建起庭院的围栏，牛羊与骡马悠然行走于土石路上，享不尽的自在舒适与安逸快活。雨崩的人民从不将艰苦带入生活。

雨崩村一带雨量充沛，加之特殊的地理环境与气候条件，雨崩的植物生态长势茂密而奇异，恣意随性；繁茂的植物盘根错节，风中叶盛簌簌，光影下扑朔迷离。一些老树的主干上常常会寄生着许多其他植物，这种奇特现象被称为"五树同根"。

雨崩中面泥石流流域内植被覆盖率较高，达 40% 以上，但海拔 4000 米以上多为基岩出露，常年被冰雪覆盖。在雨崩中面泥石流流域内，初步统计出松散固体物源储量约有30万立方米，其中可参与泥石流活动的动储量约有4万立方米。可以说，这为泥石流的形成提供了大量松散物源，对于泥石流地质灾害的治理工作而言，无疑是雪上加霜，难上加难。

因为地形的关系，雨崩村分为上雨崩和下雨崩：

雨崩村一角

下雨崩位于山脉峡谷中的洼地通往雨崩神瀑；上雨崩则依山势而建，通往攀登卡瓦格博峰的中日联合登山大本营。上下雨崩间隔仅有百米，却得步行走40分钟的山路。

雨崩神瀑的"雨崩"意为经书，位于卡瓦博格峰南侧。当地流传，雨崩瀑布是卡瓦格博尊神从上天取回的圣水，可占卜命运，消灾免难，赐恩众生。雨崩神瀑景色随季节变化而异——春夏冰雪消融，瀑布水流湍急，水花飞扬。雨季的瀑布蔚为壮观，宛若山上垂下千丝万缕哈达般的水线，圣灵的水帘交织成神明进献的哈达，光影里摇曳着自然洁净的灵魂。

人们从香格里拉出发，跟随着骡马攀上崎岖难行的驿道，去往充满未知却满是心中期待的"香格里拉"——雨崩，这里是渲染着各种奇幻与浮华的地方，这里是盛满世界美丽馈赠与人们心中向往的地方，这里是岌岌可危的"世外桃源"。

地质灾害防治小贴士 —— 泥石流

在自然因素的催动下,或是人为活动的破坏下,引发的对人类生命财产、环境造成破坏和损失的地质作用或现象,就是地质灾害。其中常见的有滑坡、泥石流和崩塌。

泥石流

风浪雨帘卷沙土,泥水石流下荒芜。山区或沟谷深壑、地形险峻的地区,因暴雨、暴雪或其他自然灾害引发的山体滑坡,并携带有大量泥沙以及石块的特殊洪流,便是"泥沙俱下"的泥石流(杨兴坤,2014)。

泥石流具有突然性、流速快、流量大、物质容量大、破坏力强的特点(杨兴坤,2014);大量降雨、大量碎屑物质、山间或山前沟谷地形是形成泥石流的先决条件。连续降暴雨或突降大暴雨,山区暴发山洪,此时赶上山高坡陡谷深,乱石成堆、沙土遍野,大量土石混入山洪之中,就会形成黏稠浑浊的泥石流(秦波,2018)。

泥石流的发生不是没有前兆的,虽然是突然发生的自然灾害,但如果发现得早,及时采取合理逃生方案,足可以保住人民群众的生命安全。泥石流的前兆有:

山谷中传出轰鸣声，主河流的水位上涨，或是正常流水突然中断，也可能是水势的突然加大，并在水流中夹杂较多柴草、树木（落文青，2010；佚名，2008）。

如果地面有微微的颤动感，清澈的水流变得浑浊，甚至似有似无地还能闻到一股火药的味道；深谷或山沟内传来类似火车轰鸣声或闷雷般的响动，沟谷深处突然变得昏暗，这些迹象都表明沟谷上游已发生泥石流，位于此处的人民群众应该紧急撤离到安全的地带（落文青，2010；佚名，2008）。

还有动植物的异常反应，如：猪狗牛羊惊恐不安拒绝入睡，街道老鼠乱窜不再躲避行人，树林枯萎、歪斜，植物形态发生突然改变等，注意到这些反常现象就应该及时采取逃避措施。

逃避泥石流时，更要注意选择正确的方向，避免因为慌不择路发生向危险来源逃离，或是人员踩踏的现象。

选择最短最安全的路径向沟谷两侧山坡或高地跑，切忌顺着泥石流前进方向奔跑（佚名，2008；晓晓，2010）。

不要停留在坡度大、土层厚的凹处；不可上树躲避，泥石流会扫除沿途一切障碍；避开河沟道弯曲的凹岸或地方狭小低矮的凸岸；不能躲在陡峻山体下，防止坡面泥石流或崩塌的发生（佚名，2008；晓晓，2010）。

长时间降雨或暴雨渐小之后不能马上返回危险区，泥石流常滞后于强降雨；白天降雨较多，夜间也要密切注意雨情，做到及时提前转移、撤离（晓晓，2010）。

4 梅里最耀眼的明永冰川

在吉祥山谷的上部，
筑起金子般的围墙。
金子般的围墙里面，
生长着茂盛的草木。
繁茂树木的枝头，
歇来一只金鸟。
金鸟展翅飞翔，
天空明光闪亮。
金鸟敛翅歇落，
聚来地脂福泽。

天地悠悠的寂静里，格桑花在风的吹拂下颤颤摇摆；放牧的孩童远远哼着小曲儿，连绵的山峦仿佛也时远时近；守护村落的神明被日复一日谈起，神山的秘密永远指引虔诚的信仰。

明永冰川像是一只盘踞在雪山隘崖处的雪狐，它的毛发折射着阳光，晶莹发亮。帐篷后面飘起的炊烟散开在晚霞的金光里，森林树木阴翳层层叠叠，骏马飞驰的马蹄踢踏，少女爽朗的笑声像银铃一般响亮，雪山千年不化的雪顶巍峨耸立……这座卡瓦格博主峰下 S 形山谷里的村寨，明亮通彻，既有人间喧嚣也有仙境清冷，有一种格外的天然浪漫。

"明永"的藏语意为"火盆"。据《德钦县地名志》记载，明永也被称为"火峪盆"，这是因为明永虽然背靠冰川，却气候温热，像是雪山之中辟出的桃花源，温热的气候适宜人居，干净的水源哺育生命。

明永背靠的这座冰川就是明永冰川，藏语也称"明永洽"，"洽"正是"冰川融化的水"之意。世代生活在这里的村民们，口口相传着明永洽的传说。他们注视着明永冰川的消融与移动，心怀虔诚的崇敬，又交织着现代发展的纠结，从青丝注视到白发。

这里是他们从先祖手里继承的土地，是他们先祖注视到老的冰川。这深深的注视里既有传承也有无奈，不仅是对话，也是问询。

明永村现有村户 52 户，大约 300 人。"三江并流"世界遗产申报的成功，让离天堂最近的地方——

4 梅里最耀眼的明永冰川

明永冰川

香格里拉的旅游业更加热闹。明永冰川也得到旅游观光者的青睐。早在2004年，明永村就有"民俗文化旅游接待村"的项目规划。这些年来，旅游业的开发使得明永村民的致富"立竿见影"。村民们感谢卡瓦格博神山的恩赐，更感谢人民政府和中国共产党。

明永冰川洁净通透又蜿蜒波折，它从高峰雪缘一直延伸到谷底森林。登临冰川，只见飞架的冰桥，纤细的冰芽，莹莹的冰笋，千姿百态的冰棱、冰冻，其景甚是奇异精巧，瑰丽明秀。

明永冰川（也称奶诺戈汝冰川）发源于卡瓦格博峰东坡，是一条低纬度热带季风海洋性现代冰川，是中国海拔高度最低的冰川，也是横断山区冰舌末端海拔最低的海洋性冰川，是云南省最大、最长的温冰川，是梅里雪山四大冰川中最大、最长的冰川。这片冰川从梅里雪山的顶部（6740米）往下呈弧形延伸，一直到海拔2600米的原始森林地带，如同一条腾云而起的银龙直扑到澜沧江边，距澜沧江面仅800多米。明永冰川绵延11.7千米，平均宽约500米，面积约13平方千米。

明永冰川所处的雪线低，气温高，消融快，靠降水生存，所以运动速度很快，每年以500～600米的速度进行运动。据说，1998年，明永村的几个小伙子在冰川海拔4000米的地方，发现了"1991山难"登山者的遗体——是冰川将这些遗体缓慢地"运送"下来。专家们就是根据这些遗体的移动速度，推断出明永冰川每年500～600米的移动速度。

但让人遗憾的是，这玉一样晶莹、云一般洁净、镜子一样明亮的明永冰川，也不能在这个全球变暖的趋势下，幸免于消融的灾难。世界上的冰川或移动、或消融，而明永冰川正以每年7%的速度消融，在过去4年时间里，这条冰川已经消退了约200米。

低纬度、低海拔季风海洋性现代冰川在世界上十分罕见。3月暖阳和煦，明永冰川的巨大冰体轰然崩塌，响声如雷，冰雪溅起漫天雪粒，阳光在冰川上反射出漂亮的光点，四周冰雪缓缓融化，潺潺声渐渐由小变大。明永冰川的融水从70多米高的大冰崖下的冰洞中一涌而出，一路奔流不息经明永村东流入澜沧江。

明永冰川北部有两个大的积雪洼地，最北面的积雪洼地中的部分冰雪，还溢过东侧山岭鞍部，形成悬垂于陡坡上部的一条悬冰川。整个积雪洼地呈现一个巨大的冰雪凹地，夏日天晴，明永又气候温热，冰雪很容易融化汇集成湖。湖直径约50米，湖水呈蓝黑色，深浅莫测，湖光潋滟，明亮清透。据当地村民介绍，这里的湖夜晚冻结，白天冰层融化，是横断山区少见的粒雪盆奇观。

明永冰川的冰湖南侧，有一条北—东走向的山岭，向北—东倾斜，海拔约5500米。平顶的山岭覆盖着厚厚一层冰雪，形成冰帽。西坡冰雪流入明永冰川的冰雪走廊，北坡冰雪流下悬崖，形成五个悬冰川和再生冰川。明永河谷的冰川类型丰富多样，冰面地貌形态千变万化，是滇西北独树一帜的冰川奇观。

过去的明永村民最引以自豪的，是依仗着明永在卡瓦格博圣地中心的位置，朝拜卡瓦格博峰必经"丹确曲吉颇章"，也就是信教群众的"胜乐宝轮乐园"。绕卡瓦格博内外转经的信徒都必须朝拜明永"尼农"的归缅庙和归堆庙，以求功德具足。各地的信教群众都要在"尼农"路上用石片搭建房子，以期许来世可以转生圣地，人生美满。

在阳光的照耀下的冰湖，亮晶晶地散发着丝丝寒气。眼神坚定的朝圣者牵羊挂拐，扶老携幼，纯净的心愿遇上洁净的冰湖，神明似乎也听得到信教群众干净的梵音。

明永冰川之所以会有这么巨大的体量，也是因为其依附于巨大的山体。卡瓦格博高峰与冰川末端的高差达 4080 米左右，梅里雪山群中海拔超过 6000 米的高峰有 3 座，海拔 5000 多米的高峰不止 5 座。

雪山的高峰区气温低，粒雪盆是冰川的摇篮。

粒雪盆本身有着丰富的冰雪积累，又加之雪崩的积雪补给，大量冰雪溢出粒雪盆沿陡坡而下，就会形成巨大冰瀑布的山谷冰川。很厚的冰川冰越过粒雪盆出口，蜿蜒而下，形成长短不一的冰舌。发育成熟的冰川一般都有粒雪盆和冰舌，雪线以上的粒雪盆是冰川的积累区，雪线以下的冰舌是冰川的消融区，二者共同操控着冰川的平衡，决定着冰川的活动。

明永冰川发育的卡瓦格博峰，高出粒雪盆1940米，雪崩频繁，千仞坚立。明永冰川上的冰瀑布裂隙满布、冰壁和冰柱经常崩塌，是登山探险者跨越冰川、攀登峰顶的极大障碍。举世震惊的"1991山难"正是突发的雪崩，导致攀顶失败、全队殉难（西尼玛等，2010）。

1982年，参加中国科学院横断山科学考察队冰川组的兰州冰川冻土研究所苏珍等，在明永冰川不惧困难与艰险，进行了细致缜密的科学考察，计算出了冰川的长度、面积、末端海拔等冰川信息，特点和变化；采集了明永冰川的"冰、雪、水"样本，进行了多种项目分析，其考察成果发表在《横断山冰川》专著中。这为后续的明永冰川科考组留下了珍贵的文献资料，也为明永冰川留下了属于自身的印记。

5 滑坡危险下的拉金神谷

以摧枯拉朽之势，排山倒海而来，天昏昏雷声滚滚，地隆隆大动干戈，远处的晨光熹微，照亮一夜的凌虐，满山满眼，漫野漫地，光秃秃的荒凉，寂静的天光下，鸡鸣破晓，世界的窸窣声响起。何有幸焉，这座山谷连风声都是安静的；何有余悸，不远处的村寨孩童嬉闹，炊烟袅袅。

德钦县城通往雁门乡的路上，奔腾咆哮的澜沧江边，有一个叫作谷扎村委会拉金神谷小组的地方，全组有 35 户人家，190 多人，这里就是拉金神谷滑坡的所在地了。触目惊心的拉金神谷滑坡直接威胁着坡体拉金神谷村民小组、后缘提南拉卡村民小组和水库沿岸分布的谷扎村五个村民小组、春多乐村、拖拉村、燕门乡及下游乌弄龙水电站等。滑坡直接或间接威胁人口1365人，预估潜在经济损失5亿元以上，属特大型滑坡险情。

拉金神谷滑坡

德钦县燕门乡谷扎村所在的拉金神谷滑坡，是乌弄龙水电站库位旁、横断山脉中段、澜沧江上游右岸的一处"古滑坡"。它由西向东展开，滑坡西东长780米，南北宽500米，滑坡面积约32万平方米，滑体体积约1815万立方米。滑坡位于山前斜坡区，前后较陡，中部较缓，整体呈"圈椅状"地形，主滑方向约 75 度，滑坡前缘海拔 1880 米，后缘海拔 2290 米，相对高差约 410 米，滑坡总体后缘薄、前缘厚，推测前缘厚度在 15 米至 40 米，属于大型滑坡。

滑坡地质灾害一直是困扰德钦地区的重要地质灾害。滑坡是指斜坡上的土体或者岩体，受河流冲刷、地下水活动、雨水浸泡、地震及人工切坡等因素影响，在重力作用下，整体或者分散地顺坡向下滑动的自然现象。

拉金神谷滑坡，是大自然机缘巧合的"玩笑"，还是人类早早埋下的祸根？是不可避让的"天神惩罚"，还是早该防范的疏漏大意？未知里已知的警钟长鸣，已知里的未知充满着人类的全部想象。

如今的拉金神谷滑坡演化发展可分为四个阶段，分别是：

库水位抬升影响下滑坡前缘发生局部滑动；
降雨影响下滑坡后缘拉裂变形；
滑面贯通后整体滑移，堆积体入江形成堰塞体；
堰塞坝自然溃决泄洪。

目前拉金神谷滑坡处于第二阶段。而滑坡的形成过程也可分为四个阶段：

蠕动变形阶段或滑坡孕育阶段——斜坡上部分岩（土）体在重力的长期作用下发生缓慢、匀速、持续的轻微少量变形，同时伴随着斜坡内部地质结构的局部拉张，在地表可以看见斜坡后缘出现拉裂缝，并逐渐加宽加深；

急剧变形阶段——随着断续破裂面的发展和相互连通，岩（土）体的强度不断降低，岩（土）体变形速率不断加大，后缘拉裂面不断加深展宽，前缘隆起，变形量急剧加大；

滑动阶段——当滑动面完全贯通时，阻滑力得到显著降低，滑动面以上的岩（土）体即沿滑动面滑出；

逐渐稳定阶段——随着滑动能量的耗失，滑动速度逐渐降低，直至最后停止滑动，达到新的平衡。

德钦有山就有谷，有河就有坡，山体众多，山势陡峻，沟谷河流遍布于山体之中，与之相互切割，于是滑坡就有了易发生的地貌部位——江、河、湖、水库、海、沟的斜坡，或是前缘开阔的山坡、铁路、公路和工程建筑物的边坡等，坡度大于10度，小于45度，下陡中缓上陡，或是上部呈环状的坡形，便是产生滑坡的有利地形。

斜坡下的地下水活动在滑坡形成中起着重要的作用。地下水日复一日地软化潜蚀岩、土，降低岩、土体的强度，于是受到外在条件的"风吹雨打""地动山摇"，斜坡从内部便就软化和"缴械"，没有抵抗能力了。

德钦的暴雨天气总是为地质灾害的发生推波助澜。降雨对滑坡的影响举足轻重，本就土质疏松的斜坡，受到雨水的大量下渗，导致斜坡上部饱和又下部积水，久而久之滑体的重量增加，导致滑坡产生，所以不少滑坡都有"大雨大滑、小雨小滑、无雨不滑"的特点。不仅是暴雨，大小地震在德钦的频发也是祸根。地震的强烈作用使斜坡内部结构发生破坏和变化，原有的结构面张裂、松弛。如果此时遇上地下水也发生较大变化，如地下水位的突然升高或降低，这对斜坡的稳定性是一场严峻考验，另外强烈地震伴随着的大小余震也会成为滑坡灾害发生的推手。

滑坡的活动时间存在一定规律性,主要与诱发滑坡的各种外界因素有关,如强烈地震、暴雨、海啸、风暴潮等发生时和不合理的人类活动,如开挖、爆破等,滑坡的出现时间具有与前述因素同时发生的特点。而有的滑坡发生时间稍晚于诱发作用因素的时间,如降雨、融雪、海啸、风暴潮及人类活动之后。这种滞后性规律在降雨诱发型滑坡中表现最为明显。而由人为活动因素诱发的滑坡滞后时间长短,与人类活动的强度大小,及滑坡的原先稳定程度有关。

有的滑坡灾害是具有毁灭性的。在面临灭顶之灾时,人们才知道自身在大自然面前的渺小。

滑坡可能会摧毁乡村的农田、房舍,伤害人畜,毁坏森林、道路以及农业机械设施和水利水电设施等,最不幸的可能就是整个村庄顷刻覆灭;滑坡也会砸埋城镇的房屋,导致人畜伤亡,田地毁坏;摧毁工厂、学校、机关单位和各种设施,造成停电、停水、停工。滑坡对工程建设的危害轻则影响施工，重则破坏建筑。而滑坡也常使交通中断，影响公路的正常运输。大规模的滑坡，则会堵塞河道，摧毁公路，破坏厂矿，掩埋村庄，对山区建设和交通设施危害很大。

滑坡灾害不是纯粹的偶然现象，只要尽人事，就能和"天命"对抗。人类千万年来的所有智慧，不是人与自然界争雄，而是相互制衡的共生；是未雨绸缪地早做打算，是"人努力，天帮忙"的"乐天不认命"。

比如，人们在选择修建房屋的场所时，首先要做好规划，询问专业人士，规划最优安排，在安全、稳定的地段建设村庄、构筑房舍，是防止滑坡危害的重要措施。

其次在建房、修路、整地、挖砂采石、取土等各类工程活动中，不可随意开挖坡脚，特别是不能在房前屋后随意开挖坡脚。若不得不开挖，也要事先向专业技术人员咨询，确认安全才能施工，永远将安全排在第一位，要警钟长鸣。

对于开矿采石、修路、挖塘等工程活动留下的废石、废土、废渣，不可随意顺坡堆放，特别是不能在村庄上方山坡堆弃土石。

土质山坡的稳定性，往往取决于水，所以管理好引水和排水沟渠在一定程度上可以预防滑坡灾害的发生。

拉金神谷滑坡灾害的发生，无论偶然与否，都是大自然对人类的警示。巨大的灾难就在小灾小祸之后潜藏，对于隐患永远要保持警惕，对于"不确定性"永远不要心存侥幸。对于灾难不仅是第一线的抢险，更重要的是其未发生前的预防。

地质灾害防治小贴士 —— 滑坡

滑　坡

"土石奔走如飞马，滑坡一朝在瞬息"。斜坡上的土体或者岩体，如果受到河流冲刷、地下水活动、雨水浸泡、地震及人工切坡等因素的影响，在重力作用之下，顺坡向下滑动的现象，便是滑坡（张勇，2016）。

滑坡现象易发于暴雨时节（徐望，2019），常见于江、河、湖、海、沟的岸坡地带，或是地形高差大的峡谷地区，也会在山区、铁路、公路、工程建筑物的边坡地段发生。

滑坡具有瞬息间的雷霆之势，但预兆也暗藏在微不足道却至关重要的细节里：

如果滑坡坡脚处的泉水或是井水出现异常状况，如：堵塞多年的泉水复活、泉水或井水突然干枯、井水或钻孔水位突变等都属于异常状况。此时，人们应该高度重视，及时采取防治措施。

若在滑坡体的土体上出现上隆或凸起的现象，这表明是滑坡在向前推挤。一旦发现此类现象，也要密切观察，高度警惕（于远忠，1996）。

岩石开裂或被剪切挤压会发出声响。这种声响很有可能正是滑坡体深部变形与破裂发生时产生的,而动物会对此表现得十分敏感。此时若有大量动物的异常反应,当地群众应赶紧上报有关部门,并及时应对(于远忠,1996)。

天灾面前,人类更要沉着冷静,才能做出准确的取舍,采取适当的措施。如遇滑坡的发生,要采取以下措施:

处在滑坡体上的人们,要迅速环顾四周,向较安全的地段撤离。除高速滑坡外,只要行动迅速,都有可能逃离危险区段。跑离时,向两侧跑为最佳方向。如遇无法跑离的高速滑坡,在滑坡呈整体滑动时,原地不动抱住大树等坚固之物,不失为有效的自救措施(庚申,2019)。

处于非滑坡区的人们,发现滑坡活动时,要立即通知受威胁地区的人们撤离,并向当地政府或自然资源(地矿、矿管)部门报告。当地政府应迅速组织群众撤离危险区及可能的影响区,进行抢险救灾,组织专家实地调查滑坡的活动情况和影响范围。

6 大山的皱纹

  这里的土地藏在山的褶皱里，这里的人民栖居在山的棱角间，这里的云悬挂在山顶的枝杈上，这里的太阳从雪山层峦中升起。清新的空气里有歌语的嬉戏、大雨的凌厉、山地的震动；大河迸流卷着泥沙和孩子的泪珠。天灾伴着人民的不屈，这里是云南德钦，地质灾害的高发区；这里是云南德钦，繁衍着不屈不挠的大地子民。

  崩塌是指陡峻山坡上的岩块、土体在重力作用下，发生突然的急剧的倾落运动，多发生在大于 60～70 度的斜坡上。崩塌的速度非常快，一般可以达到 5～200 米每秒。但是崩塌的规模差异也很大，小的只有 1 立方米，而大的可以达到 108 立方米。

崩塌之后，崩塌体各部分的相对位置就会被完全打乱，大小混杂，因此才形成了较大石块翻滚较远的倒石堆。

崩塌的物质，称为崩塌体；崩塌体为土质者，称为土崩；崩塌体为岩质者，称为岩崩；大规模的岩崩，又称为山崩。崩塌可以发生在任何地带，山崩限于高山峡谷区内。崩塌会毁坏建筑物，有时甚

崩塌一角

至是整个居民点受灾,掩埋公路和铁路。而崩塌带来的经济损失,不仅仅是建筑物毁坏的直接损失,还有因此而造成的交通中断带来的巨大运输损失。

德钦的山水遥看连绵不绝,近看跌宕起伏,扎寨在群山层峦的地方。德钦的崩塌灾害成了一大安全隐患。德钦的岩土类型坚硬,通常以各类岩浆岩(又称为火成岩)、石英砂岩、砂砾岩等为主,这类岩性坚硬的岩土较易形成规模较大的岩崩;而德钦的地质构造,也是形成崩塌的一大隐患条件:地质构造运动对坡体进行切割、分离,使得坡体产生节理、裂隙、层面、断层等,这为崩塌提供了脱离体(山体)的边界条件。德钦有层峦起伏的山,也有大大小小的江流河湖,流水岸坡、各种山坡、铁路和公路边坡、工程建筑物边坡及各类人工边坡,都是促成崩塌产生的地形地貌条件。

德钦地处地震高发区,大小地震都会引起坡体的晃动,破坏坡体平衡,一不小心就会诱发坡体崩塌,一般烈度大于7度以上的地震都会诱发大量崩塌。德钦地势较高,群山海拔也高,积雪较多,融雪也就多。德钦6、7、8月降雨连绵，遇上不巧的时候，大暴雨、暴雨和长时间的连续降雨，使得地表水渗入坡体，软化岩土及其中软弱面，也是诱发崩塌的一大隐患。德钦山环水绕，河流等地表水体不断地冲刷、浸泡坡体边脚，再加上人类的不合理活动，开挖坡脚、地下采空、水库蓄水等，又改变了坡体原始的平衡状态，更为崩塌灾害的发生埋下一颗不知道什么时候爆炸的"地雷"。

德钦的崩塌灾害和泥石流灾害一样，在时间分布上也存在着一定的规律：

在德钦的强降雨月份，尤要警惕地质灾害的频发。在特大暴雨、大暴雨、较长时间的连续降雨过程中或稍微滞后这段时间里，是崩塌灾害频发时间段。

德钦不仅有暴雨威胁，还有不知什么时候就会发生的大小地质灾害，都在隐隐地传递着这种威胁，尤其是在震级6级以上的强烈地震过程中，震中区（尤其是山区）通常都会伴随着崩塌的出现。

施工时也要警惕崩塌的危险：强烈的机械震动

或者大爆破之后，很容易引发当地山坡的崩塌。尤其是在开挖坡脚过程中，若施工不当破坏了上部岩（土）体的稳定性，就会有崩塌的危险。

路边上的崩塌

德钦的水能优势明显。在水库蓄水初期及河流洪峰期时，大量的地表水会对库岸岩、土体发生首次浸没软化，造成上部岩土体失去平衡，在退水后产生崩塌的概率非常之大。

崩塌不是不可预知和防范的地质灾害。当地居民要高度重视崩塌发生的前兆。当坡面出现新的破裂甚至变形，以至于有小面积土石剥落出现并产生裂缝时，应该立刻引起警觉，向当地消防、公安部门和人民政府报告；如果有崩塌体前缘掉块、土体滚落、小崩小塌不断发生的现象，这也是崩塌灾害发生的前兆，应该立刻通知当地可能受灾的居民进行避让，移居到安全的地方。

崩塌地质灾害的发生，对于德钦各个方面的影响都非常之大。

对于居民来说，崩塌可能会造成居住房屋的倒塌、砸损、掩埋，毋庸置疑也会对农田造成破坏，甚至对居民的生命安全造成威胁；

对于交通来说，崩塌阻断交通通行，不管是公路还是铁路，崩塌的发生都会造成一段路程的暂时关闭状态，也会对路上行驶的汽车、火车的安全造成影响；

对于水利来说，山坡崩塌的碎石掉落在河流当中，可能会造成河流的堵塞，形成堰塞湖等水害，使河流周围的农田和居住区被淹没，对当地居民的人身安全和财产安全造成威胁。

对于崩塌地质灾害的根治措施，现在就是采用爆破或工程的手段将安全隐患进行移除，以此保障各方面的安全。出于防患于未然的考虑，德钦当地也采用了多种措施和手段，对崩塌地质灾害进行安全治理，包括封填裂缝、围护拦截、对坡面进行清理、做好排水设施、砂浆锚杆、主动防护网、岩腔支补等手段。

对公路、铁路、居民点附近的坡体做出因地制宜的安全防治工作，保证当地居民安居乐业、交通通行畅通、经济发展平稳等。

即便如此，我们依旧不能对崩塌地质灾害掉以轻心。崩塌地质灾害治理是一项复杂的工程，需要进行多方面、多角度、多层次的考虑，对于不同规模、不同类型的崩塌，要有不同的治理方案。

地质灾害防治小贴士——崩塌

崩　塌

"山崩地裂乍天光，岩碎石崩飘粉尘"。陡峻山坡上的岩块、土体在重力作用下，突然脱离母体崩落、滚动、堆积在坡脚或沟谷的地质现象，是"山崩地裂"的崩塌（刘盛达，2016）。

坡体大于45度、且高差较大、坡体内部裂隙发育、坡体前部存在临空空间，或有崩塌物发育，这是崩塌发生的共同现象（魏云杰，2019）。

人们常说的"天塌了"就是崩塌的发生时刻。崩塌灾害降临时有摧枯拉朽之势。要在"天塌了"的天灾里避险逃生，就应该注意到其发生前自然界中的反常现象。

山体前缘时有掉块、坠落现象，小崩小塌不断发生（魏云杰，2019）；

山坡脚部出现新的破裂形迹；

山脚下偶尔听见岩石的撕裂摩擦错碎的声音（魏云杰，2019）；

山体附近出现地下水质和水量的突发变化。

发现这些端倪，"宁可信其有，不可信其无"，在及时远离此山体的同时，要通知周围的居民、游客尽快远离此地。

7 来梅里雪山"找自我"

"山不在高,有仙则名;水不在深,有龙则灵。"山川江河,天地峡谷,飞鹰蜉蝣,参树朝菌,自然之轮回,万物之生死,在信教群众纯净的信仰中,都是神明的福泽。他们延绵生息,以圣洁高远的至纯之性,感恩自然的馈赠和神明的荫蔽。

德钦流传着一个这样的祝福:倘若人们进入德钦县城前的第一眼,能望见梅里雪山完整的身影,此人必将幸运一整年。于是,前来的人们,远远地就朝着德钦县的西部张望,眺望梅里雪山也就成了大多数人进藏的标准动作。

父亲磕着长头,一路虔诚:他将膝盖与额头轻轻碰在地上,敲一个身体的轮回,吻过万遍泥土的

朝拜梅里雪山的少年

表层；在这个长头磕起的时候，他的眼睛不再追随大地，而是望向天际，刚毅的脸庞被风霜篆刻，眉毛和胡茬显得格外浓黑。在他膝盖上的毛毡要磨破的时候，他看见了梅里雪山，他将目光投注于大地，深深地磕一个长头。

在天气晴朗、透明度高的时候，常能看到梅里雪山的主峰。晨光熹微，卡瓦格博峰雪顶被阳光照射得金光灿灿；日暮夕阳，雪山氤氲一片，金黄夺目。梅里雪山地处滇、川、藏三省（自治区）结合部，位于云南省迪庆州德钦县境内横断山脉中段怒江和澜沧江之间。它的主峰被称为卡瓦格博雪山。

父亲的话很少，他就像是山神守护一方水土一样，无言地守护着我们。他从没讲过为什么要磕着长头去朝拜梅里雪山。梅里雪山在信教群众心中就是一座圣山。梅里雪山的主峰"绒赞卡瓦格博"，在藏语言习惯中，卡瓦格博是太子雪山主峰、"山神"及整座太子雪山的统称，缅茨姆峰是卡瓦格博峰之"妻"。"梅里"一词为德钦藏语 mainri 汉译，意思是药山，因盛产名贵药材得名。梅里雪山和西藏的冈仁波齐、青海的阿尼玛卿山、青海的尕朵觉沃并称为藏传佛教四大神山。

在藏文经卷中，卡瓦格博和其周围的高峰，并称"十三峰"，均被奉为"修行于太子宫殿的神仙"，语意上取"十三"这个藏语里的吉祥数，也被尊奉为"藏传佛教的八大神山之首"。诸峰中较有名的为缅茨姆峰、吉娃仁安峰、布迥松阶吾学峰、玛兵扎拉旺堆峰、粗归腊卡峰、说拉赞归面布峰。其中线条优美的缅茨姆峰位于卡瓦格博峰南侧。"五佛之冠"

吉娃仁安峰，是并列排立的五个扁平而尖削的山峰，位于缅茨姆峰北侧。卡瓦格博东北方向的"守护神"就是指玛兵扎拉旺堆峰，又称"无敌降魔战神"（将军峰）。"粗归腊卡"意为圆湖上方的山峰，位于斯恰冰川的冰斗上方。

相传，卡瓦格博统领另外七大神山，225座神山以及各小山神，维护自然的平衡和谐。信教群众认为，每一座高山的"山神"统领一方自然，而卡瓦格博则统领整个自然界中所有的山；在卡瓦格博山下，不能谈论一切细微之处的美丽，因为对任何一处自然之美的称赞，也只仅仅赞美了整个自然界中极其微小的一部分，这是对卡瓦格博"山神"的不敬，是对广博辽阔自然的不敬。

传说中，卡瓦格博神像常常被供奉在神坛之上。他身骑白马，手持长剑，威风凛凛，俨然是一位保护神；缅茨姆峰则屹立卡瓦格博峰身侧为"妻"，缅茨姆峰是"大海女神"，"药王"的侄女，也有说是玉龙雪山之女。

秋末冬初时候，村里总有人要结伴去卡瓦格博峰转经，不能去的人就捎上自家的一口羊请他们带去，以求转经的祝福和好运。信教群众认为每座神山都有属相，卡瓦格博峰属羊，于是信教群众总是牵羊而去，成百上千的信教群众口念佛经绕山焚香朝拜。若是逢上羊年，前来朝拜的人便是往年的数百倍，卡瓦格博峰的转经路上有许多玛尼堆群，刻满朝拜者的祈福心愿。

佛经中说：所有康藏的128处大圣地和1022处小圣地的"守护神"皆于藏历水羊年降临于卡瓦格博圣地内安住。为此，每逢藏历"水羊年"的时候，梅里雪山人头攒动，人们要来这里做礼拜、巡礼、敬信，举行会供、点燃供灯，通过外转卡瓦格博圣山的方式来"积德消罪"，以转山表示对"山神"的敬畏崇拜。

相传公元1268年，噶玛巴西自元大都回到康区传经布教，8年间确定了梅里雪山大小转山线路。从那时开始，藏传佛教信徒围绕卡瓦格博神山的转经活动，至少已持续了700多年（西尼玛等，2010），百年来至少有数百万人次走过这条转经之路，如今

梅里雪山的日出

仍保持着当初最原始的状态。

在人类的历史上,卡瓦格博是一个神话,因为它从未被征服过,卡瓦格博峰不被攀登者征服的原因,除了坡度陡和相对高差大等因素外,卡瓦格博峰的不确定性让人捉摸不透,不敢贸然攀登。

卡瓦格博峰的冰川是最典型的海洋性冰川,虽然登山者一般都会选择在冬季攀登,但卡瓦格博峰冬季的冰川依旧不稳定,这对攀登卡瓦格博峰的登山者来说,永远是无时无刻不潜伏在身边的威胁。

这是因为梅里雪山的冰川是海洋性冰川，受印度洋气流影响，运动变化极快；印度洋气流每年带给梅里雪山大量降水，即使梅里雪山上的冰川在夏天会融化很多，但一到冬天就会得到充足的降雪补充。

如今全球气候变暖，这对海拔较低部位的冰川影响很大，融化的速度明显加快。海拔较高部位的冰川由于失去牢固的支撑，高处的冰常常大片大片地坠下来，而更高处的冰虽然没有崩塌，但也会向下微微移动一段距离，再加上梅里雪山冰川的不断运动变化，使得冰层十分不稳定，极容易发生雪崩。

现在的卡瓦格博峰成为唯一一座因文化保护而禁止攀登的高峰。梅里雪山的神秘并不来自于从未被人类攀顶征服，而是来自于它在藏族人民心目中的神圣地位，它展现了自然造化之力的神奇。

8 彰显民族特色的建筑

德钦在梅里雪山庇佑下,这里居住着的不仅有藏族人民,还有同根同源不同民族的同胞。建筑是人类从自然中领悟的反映:风霜和烈阳,神明和信仰,习俗和生活,都会带给建筑不同的特色与风貌。智慧的结晶凝聚在房屋的层层结构里,挥洒的汗水中汇聚成千千万万老百姓最朴实无华的愿景——回家安身立命。

父亲来过飞来寺三次,从年幼无知,到而立之年,再到耄耋沧桑,我搀着父亲的手,在清晨还泛着的凉风中,来到飞来寺观景台上。这里早已是人头攒动,本想劝说父亲留在房内即可观赏梅里雪山的日照金山,但父亲坚定地要到这里来。他说,他第一次看

8 彰显民族特色的建筑

德钦县特色建筑

见梅里雪山被日出的金光笼罩,就记了这一辈子。

飞来寺是位于距德钦县城8千米的滇藏公路处的一座寺庙,最初建于明万历四十二年(公元1614年),距今已有逾400多年的历史。飞来寺的建造和名称的由来非常传奇:建寺时的选址原定在现址2千米以外的地方,全部用料都已备齐。在就要破土动工的头天晚上,柱梁等主要建筑材料却不翼而飞,住持派人四处寻找,找到现址时,发现柱梁已按规格竖好,且无大殿的后梁后柱。

人们以此为神意，于是遵照神意把寺庙建在现址，因柱梁"飞来"自立，于是命为"飞来寺"。如果站在豆温村边远看飞来寺，确是有欲飞之势。山峦跌宕，森林茂密，云雾缭绕，古寺森森，斩云断雾之姿，凝而不变之影，悬崖陡处辟仙台，琼楼玉宇屹正乙，真正印证了山门上的对联"古寺无灯凭月照，山门不锁寺云封"。

飞来寺内祀觉卧那卡扎西像及卡瓦格博神像，正殿墙壁上绘有宗喀巴大师、胜乐金刚，诸护法及德钦寺和甘孜州内几个寺院的活佛画像，也写了飞来寺建造者竹巴那卡降乘的事迹。

因为飞来寺正对卡瓦格博峰，于是在此处建有"中日梅里雪山登山勇士殉难"纪念碑，为纪念1991年1月17名遇难的中日梅里雪山登山队员而立。还有一座佛塔，则是为了纪念十世班禅视察德钦所建。

飞来寺建筑错落有致、高低有序，殿堂屋宇呼应配合。全寺由子孙殿、关圣殿、海潮殿、两厢、两耳、四配殿组成，寺内的安排具有三教合一的特点。

飞来寺全景

　　父亲一直等到太阳的光辉轻轻扬洒在世间，直到金光分散到人间各地，落在他短短的睫毛上。父亲眨了眨眼，像当年磕着长头在德钦县门前看见梅里雪山一样，深深地将目光投注到土地上。父亲没有再跪下磕长长的头，但是他用一生履行那份好运，用一辈子转山转经转佛塔。

　　晨起过早，给寺里上了炷香后，我搀着父亲回房再歇息一阵，出了飞来寺，门前有一甘清泉。早就听人说此泉驻颜长寿，我捧了一掬捧到父亲面前，父亲愣了一下，低头去喝。胡子蹭在我的掌心，即使我掬得很用力，泉水还是一点一滴地流走了，父亲仰起脸来，胡子上还沾着水珠。我就想起小时候贪玩回来舀起缸里的凉水就要喝，父亲总是及时拿掉我们手里的水瓢，将早已晾好在案上的那碗水端来。我没有说话，像父亲擦掉我下巴上漏出来的水珠一样，用手抹掉父亲胡子上的水珠，跟他有一搭没一搭地聊天。

父亲说，我们的祖先追着草原的足迹迁徙，信仰也就跟着人走在路上，仰天是敬重，伏地亦是尊崇。

神圣的朝拜

历史上的藏族人民追随水草迁徙，人们印象中的他们也多以帐篷为居所。而德钦属于半农半牧区，特殊的生产方式使得这里的藏族人民有着特殊的生活方式。藏族民居根据生产方式的不同，可划分为农区民居和牧区民居两大类型：农区民居为固定式建筑，牧区民居除越冬的简易固定建筑外，主要为活动的建筑，就是帐篷。

盘桓在古朴的藏族村寨前，只见藏族民居依山而建，以粗大的原木立柱，以整齐的石块垒成基础，以夯实的红土为基墙，以繁复的木刻为装饰，厚重简朴，古风犹存。

农区的藏族民居用泥、木、石等天然建筑材料在地面或半山隐蔽处，建造永久性的固定式建筑物。固定式建筑可根据不同的自然环境和地理条件，选择建造泥木结构、石木结构、木结构、土结构、混合结构等多种结构的建筑物。历史上还根据主人的社会地位和职业的不同，有着农民住宅、僧人住宅、贵族领主或土司头人住宅、城镇居民住宅等之分。

德钦藏族建房民俗有着诸多讲究和禁忌。开工之前，须请活佛高僧占卜，以示吉凶；动工之时，必须按藏历中所规定的吉日择时动土；其方位遵照天文学中的星相学说法选定；安置正门时要在门头放五彩吉祥哈达,以示吉祥;搬进新居安顿妥当后,择一个吉祥日子,通知亲朋好友届时来新居过"康苏"(林超民,2003);"康苏"这一天早晨,主人一家准备五彩经幡,要插在新居房顶的西北角和东北角上,然后向诸路神佛献上青稞酒,煨上用松柏枝、小杜鹃枝叶、糌粑等天然香料组成的桑点燃。

德钦藏族寨子的建筑外部布局,大多为封闭式院落,一宅一院。院落由住宅和院墙组成。院门一般开在与正宅相对的院墙方,具体位置倒不一定与正宅门相对。绝大部分的民宅皆为平顶,既可作晒台晾晒粮食,还可作储物堆放粮食和草料,还可作观察瞭望之用。

牧区居民的活动建筑——帐篷一般用牦牛毛织成,防水、保暖、弹性好、防腐性强;较为轻便,易于安装、拆卸和搬迁,都是适宜游牧生活的优良特性。德钦牧区居民,会在篷顶开有一条宽约50厘米、长1.5~2米左右的天窗,天窗上有一块活动盖帘,白天和非雨雪天开启,用于室内采光和通风,夜晚和雨雪天则关闭;帐篷的门一般开在背风的方向，门为固定式；而帐篷的颜色绝大多数是黑色，但也有极少黑白花色的帐篷。帐篷的外形主要有三种：一种是形似汉地四坡歇山式屋顶形，帐篷平面呈四方形或长方形；第二种是蚌壳形，也称覆钵形，其外形恰似扣置的蚌壳或倒置的钵；第三种是尖顶式简易帐篷，在帐篷内正中的两个支撑杆之间搭设灶台，而在灶台的上方，常作供奉神灵之处，放置佛像和供品。

牧区居民在为搭建帐篷的选址时，首先是选背风、向阳的地方；其次是地势不能太平坦，应略有倾斜，帐篷搭设好后，及时在帐篷地势稍高的一边和左右两方各挖一条排水沟；最后是在帐篷四周用草饼或石块砌一道高 30～40 厘米的围台。

除去生活用的帐篷以外，德钦的藏族居民还会在各地较盛大的传统节日期间，或者是在高原春回大地、鲜花盛开的踏青时节，搭设休闲帐篷，搭设方式和结构与牛毛帐篷无异。不同于牛毛帐篷的是，休闲帐篷围护体使用的是棉织品，色彩基本为白色，是藏族居民们临时性、休闲性的活动建筑。

德钦的茨中教堂是一座天主教堂，在这片以佛教信仰为主的土壤上，倔强而顽强地屹立着一座天主教堂，历经百年风霜雨雪，神奇的土地上总是发生奇迹的故事。这座法国传教士建造的天主教堂，1905年动工，1921年修建完成，气派的茨中教堂立刻成了"云南铎区"的主教礼堂。

"茨"藏语意为"村庄"，"中"藏语意为"六"，茨中也被人们称为美丽富饶的鱼米之乡。茨中教堂建筑群就坐落在树木繁茂的半山腰处，背系青山，前有农舍，建筑群体与当地自然人文景观相融相交、相互托衬。

茨中教堂中西合璧，主次得体，体现着中、西、藏三方建筑特点，包括大门、前院、教堂、后院以及地窖、花园、菜园和葡萄园，结构紧凑，规模壮观，沿大门筑有外围堵，建筑四周以及房间空地，辟花坛、植果木。教堂风格既体现巴斯利卡式教堂的特征，又兼罗马教堂的特色，从空中俯瞰，这座哥特式建筑为十字造型。教堂正面的钟楼有三层，屋顶为典型的中国式传统飞檐，但钟楼的最高处又竖立着十字架。教堂的大门入口处和内部贴着中国化的对联：极仁极爱，至善至谦。而在耶稣像左右分别是（汤世杰等，2017）：

宣仁宣义聿照拯济大权衡，

无始无终先作形声真主闻。

现在的茨中教堂不仅仅是作为天主教徒周日的礼拜之用，还是佛教、东巴教等的信徒活动的场所。信仰的力量就可以让人们消除隔阂，一同祈祷祈愿，只为纯净心底的思念。

茨中的葡萄比常见的葡萄要小得多，虽然仅有指甲盖大小，却粒小而饱满，口味甜中带酸。这种名叫"玫瑰蜜"的法国葡萄，在法国本土已经绝迹，却在云南偏僻的深山中生长良好。

茨中的山坡上到处种满了葡萄，家家户户都有制作葡萄酒的器具。百姓从传教士那里学会的葡萄栽种和酿酒技术承袭至今。如今的茨中坝子可谓是大型的葡萄基地、葡萄园。茨中家家户户都会酿酒，他们酿造的甘地葡萄酒当真是名不虚传。据说，云南干红葡萄酒就沿用了当年法国传教士带来的配方。

百年茨中教堂是中法友谊的象征。每逢礼拜时，你若走进教堂，便可聆听"山民们一遍遍唱着给主的赞美诗"。在德钦这片土地上，你会发现信仰从来都是如此地纯净。

9 滇藏之路——茶马古道

婴儿的啼哭和马铃声一起,被马蹄踏进坚实的脚印里。里屋是满头大汗的母亲,门槛立着满身风霜的父亲。熹微的晨光里,河谷的暖风杂着夜凉的湿气,走了一整个冬天的马帮,终于赶在播种的时节回到家里。

听见孩子啼哭的父亲,顾不上把马牵回马厩,就着一夜赶路的寒霜匆匆跑进去,凑近了孩子却又踌躇着,搓热自己的手心,才敢轻轻拍拍孩子的襁褓,欣喜之情充斥在奔子栏熹微的晨光间。父亲将一块小小的手绢,盖在孩子脸上抱出门去,朝阳丝丝绵绵的暖意透过手绢的缝隙渗入孩子稚嫩的毛孔中。

奔子栏又诞生一个新的生命，传承着人类的生生不息。

奔子栏的人民在滚滚翻腾的金沙江边繁衍着，白马雪山的巍峨屹立让奔子栏的居民刚毅而勤勉。作为滇藏茶马古道上的咽喉重镇，奔子栏的辉煌与繁荣从历史中走来，直到今日仍在发光。

茶马古道示意图

奔子栏藏语意为"公主起舞的乐园。"民间传说文成公主进藏时路过奔子栏，见这里山水相依、水草丰茂，便在此地一展歌喉翩翩起舞。虽然根据史料，文成公主进藏的路线并没经过奔子栏，但文成公主在信教群众心中是如同绿度母（绿度母在藏传佛教中为观世音菩萨的化身）般的存在。许多藏族地区的命名上，都爱加注一个关于文成公主的民间传说。这足见藏族人民对文成公主的崇敬和对这段来之不易的汉藏友谊的珍惜。

奔子栏的人民早早脱离了游牧的生活状态。他们脱下厚重的袍子，在这片土地上绵延生息，世世代代与这江水和雪山相存相依。他们精耕细作，经营一方良田，以让自己怀里用布绢包裹的木碗，盛得出满盈的食物。他们也是精明的商旅人，奔子栏出最好的"马脚子"。这里的赶马人虔诚地向佛祖祈愿，也顽强地与路途上所有的艰险搏斗着。这里的赶马人体恤马匹的劳顿、珍惜队伍的和睦，但为了生计，仍然义无反顾地赶马踏上这条明知艰险的古道。

茶马古道——这条我国历史上最古老的对外经贸商路，开始于2000多年前的汉代，正式形成于唐宋时期。它主要穿行于今藏、川、滇横断山脉地区和金沙江、澜沧江、怒江三江流域，这是一条以茶马互市为主、马帮为运输方式的古代商道,也是我国古代西部地区"以茶易马"或"以马换茶"为中心内容的汉藏民族间的一种传统的贸易往来和经济联系之道。

明代文学家汤显祖在《茶马》诗中这样写道:"黑茶一何美,羌马一何殊""羌马与黄茶,胡马求金珠",说的就是"茶马互市"。藏族有句谚语:"加察热!加夏热!加梭热!"意思是"茶是血!茶是肉!茶是命!"文成公主进藏将茶带入藏族地区后,这一地区就一直保持着饮茶的习俗(李燕兰,2008)。

藏族地区以游牧为主要的生活方式,在饮食上则偏好以奶类、牛羊肉为主食。高原地区寒冷干燥,大量的高脂肪食物让人燥热,而茶叶能够分解堆积在身体里的脂肪,同时也补充人体所需水分,聪明的藏族人民还在茶水里加入酥油,发明了酥油茶,使茶更符合藏族人民口味的同时,也更有营养价值,现在喝酥油茶已经是藏族人民生活中司空见惯的事情,是自然而然的生活习惯。

茶马古道上主要运销的茶——大叶种茶，与中原汉族喝的小叶种茶不同。它叶片肥厚，营养成分丰富，但长途的运销需要，使茶叶被压成了"砖茶"或"砣茶"，也称"紧压茶"或"边销茶"，我们最熟悉的边销茶就有普洱茶。普洱县只是茶叶的集散地，普洱茶真正的原产地是西双版纳。

古代马帮跋涉三月有余，途径森林、草甸、雪山、峡谷，来到青藏高原的时候，有些茶叶已经发霉。但令人意外的是，藏族牧民独喜欢这种霉香味，于是，后来的普洱县制茶人就研创了发酵工艺，使普洱茶有了霉香味。

茶马古道所经之处多在少数民族聚居的川、滇、藏地区。这里流传着一种说法——"茶"是一个镇邪符号，鬼神不侵，而将"茶"字拆开即为"二十人骑木"，不足二十人的强盗是不敢来抢驮茶马帮的。

驮茶马帮为了缩减运输时日，也为了节省托运成本，常走捷径，道路也就更加崎岖难行，山路上的歇脚地也就更加难找。所以每到一处可以歇脚的地方，马帮的"锅头"就会开烧（烧锅煮饭）。开烧

茶马古道上的马帮

是一定要杀鸡的,但不是为了吃肉,而是为了看鸡卦(退化了的前腿骨),卜吉凶。常走茶马古道的赶马人都坚信——"鸡卦不哄人",出门上路都由鸡卦卦象决定去留,如果卜到凶卦,马帮都不敢怠慢,就会即可动身赶路(李燕兰,2008)。

"锅头"多半是藏族人,健壮且有计谋和胆魄,多次入藏熟悉茶马古道的运输路线,是一个马帮的领头人。因为在野外吃饭时,要由马帮领头人掌勺分饭分菜,所以这个人也就有了"锅头"的名号。一个好的锅头对马帮的行程安全和商号的兴衰至关重要。赶马人也叫"马脚子",藏语里称"腊都",就是赶马的伙计,能干的"马脚子"一个人就能负责八匹骡子的上驮下驮、喂料放牧、生火做饭。

茶马古道的路狭窄又崎岖,如遇上只允许一支马队通过的道路,而又恰逢两支马帮相对而遇,要怎么处理呢?赶马人随身都会携带釬(类似锣的乐器)、大铃(拳头大的马铃铛)和超子(小铃铛串)(李燕兰,2008)。如果两个马帮狭路相逢,走在最前面的赶马人就会敲响釬,退到较为宽敞的地方让另一方先行。但如果是双方都是退无可退的情况,那就要比拼谁的货物多、重、值钱了,处于下风一方的马帮卸下货物给另一方马帮让路。

茶马古道所经之处民族众多,语言不通对于马帮的采买补给信息交流都不方便。为了必要的沟通,由茶马古道逐渐推广至整个滇藏地区的西南官话,对中国的语言体系也产生着重要的影响。

茶马古道是世界上海拔最高、最险峻的驿道,也是目前仅存的仍在运行的古道。随着现代化交通手段的日益发达,滇藏之间的交通要道早已有214、

317、318国道等现代修筑的公路，但茶马古道这条可以与丝绸之路相媲美的、亚洲大陆历史上最为庞大和复杂的古代商路，并未完全沉寂下来。在云南、西藏茶马古道途经的一些偏远闭塞地区，还有很多少数民族聚居的山地部落，依然是山路蜿蜒险峻，只有骡马能够出入，于是还活跃着小股的驮茶马帮，进行短途的物资运输，虽然没有当年马帮"首尾相连、铃蹄交响"的盛况，但也可窥探其当年荣光一二。

茶马古道沿途有寸草不生的崖壁，也有水草丰茂、碧水蓝天的"仙境"。自然界百炼千锤的大山名川，就在藏族人民崇尚和敬畏的天地之间。藏族人民信奉的宗教与生命生活相关相连。他们带着人类干净纯洁的心性，温柔又刚强。即使是如今我们走在这条茶马古道，光洁的岩石也富有灵性：远处默默追随着变换万千的云彩、河谷里的风、奔腾的水，脚步踏进泥土，心却永远追随光明。

10 别具一格的民间文化

正月初八,早上的"拉色"祭祀一过,赶着大早前来祈福的男女老少,雀跃心情早已喜形于色。藏族人民烂漫天真、自由不羁,骨血里流淌着对大自然的天然亲近。旷山原野皑皑白雪,苍鹰在山谷盘旋,大地的声音与天空的空旷遥相呼应,人们围成一个圆圈,便跳起了锅庄舞。在德钦太平的土地上,人们世代延绵生息在故土上。父亲的靴子踏着盖雪的草地,扬起轻轻的落雪。

春节的正月初八,是个大喜日子。这一天的男女老少要拿出"压箱底"的服饰打扮一番。老人们排在队前,按年龄依次围圈,上至耄耋老叟,下至蹒跚孩童,脚底踏地的踢踏声在圈中散开。全村全寨的藏族人民，随着万物自然的音乐舞姿翩跹，长袖飞扬，彩色衣裙飘飘，歌声亢然嘹亮。父亲从小就跟在队伍后面有模有样地学，后来在队伍中与左右对舞高歌，现在排在队首步伐依然矫健。

正月初八一大早的接福祭祀，让大伙浑身喜气洋洋，锅庄舞的热情化开了正月的雪。围成圆圈的藏族人民跳得欢快，远远看着足以让人心生欢喜；若是走近就不由自主地跟着跳起来。男女老少，笑语盈盈，纯善的心在神明的福泽下闪闪发光。

"德钦"的藏语意为"极乐太平"。这里地势优渥，风景宜人。"生在诗中，活在画里"的德钦人民以藏族为主，部分村落还有傈僳族和纳西族。德钦留给未曾踏入这片土地的人们最美好的幻想——"雪域圣地""歌舞之乡""服饰圣殿""心灵天堂"。

德钦的藏族人民有许多重大的节日：农历正月里的春节、七月十五转神山节、八月燃灯节、十月二十五日格鲁派祖师宗喀巴圆寂的祭日等。

春节，在藏语中称"洛色"，意为新年，节期为每年农历正月初一至正月二十五。藏族人民朝拜神山,以祈求来年平安吉祥、人丁兴旺、五谷丰登,并进行苯教祭祀活动,感恩佛祖、山神赐给人间吉祥幸福、平安快乐。春节的时候,大家聚在一起,唱歌跳舞,喝酒吃肉,还有"刀赞"、射箭、"卡夏"、赛马等民俗活动。

德钦的藏族人民无论逢年过节,还是婚庆嫁娶,总是载歌载舞。藏族人民从会说话就会歌唱,从会走路就会跳舞。锅庄舞、热巴舞和弦子舞于2006年被列入第一批国家级非物质文化遗产名录。春节里各大小村落,藏族人民的舞场通宵达旦,歌声嘹亮传遍四方。

锅庄舞是藏族三大民族舞蹈之一,是藏族传统文化的瑰宝,也称"果卓""歌庄""卓"。锅庄舞最常呈现的形态是男女各排半圆拉手成圈的,有一人领头,男女分别一问一答,对唱反复,虽无乐器相伴,却有先慢后快的节奏,舞众依顺时针划圆行进,前后由两段舞组成。"悠颤跨腿""趋步辗转""跨腿踏步蹲"等脚步变换,配合手臂撩、甩、晃,舞姿洒脱飘逸、自在悠然。

锅庄舞

  由锅庄舞的表演形式和舞蹈语言，不难看出这种像是从原始社会流传下来的舞蹈，可能附着原始社会的某种图腾信仰，根据巫舞（模仿部落图腾动作的巫舞）、祭祀盟誓仪式舞蹈等结合发展而来。锅庄舞现在流行于牧区、半农半牧区，是藏族人民自发组织的舞蹈，主要用于节日喜庆、劳动之余和宗教仪式上助兴快活。《清史稿·乐志》记录此舞将之音译为"郭庄"，近代又称"歌庄"。

  弦子舞在德钦藏族人民聚集的村落风靡之极，只要是人们欢乐相聚的地方，都少不了弦子歌舞。在节庆、婚嫁、集会时，人们欢聚一堂，没有固定的舞场。人们可以聚集在广场、林中空地、晒场等任何可以容身的场所围成圆圈起舞。领舞者边歌边舞,拉着弦子(藏族一种拉弦乐器)伴奏,大伙随行跟和节拍,时而聚拢,时而散开,长袖挥动,舞姿翩翩,男唱女应,女唱男和。人数上没有限制,少则十几人,多则上百人,形式自由,不拘一格。

弦子舞伴奏的少年

"弦子"是汉语里的叫法,藏语中叫作"仪",意思是"载歌载舞的游戏"。"弦子"是歌舞中的伴奏乐器——藏族胡琴,在藏语中叫作"兵永",构造与二胡相似，只是琴筒较大，琴杠较短，琴弦和弓弦用马尾制成，后因为马尾易断改用丝线替代，竹弓夹在两琴弦之间拉奏，音色深厚、饱满铿锵又柔软缠绵，让人听后不禁要兴歌起舞。

弦子舞起时，女子的彩袖飞舞宛如格桑花在风中摇曳生姿，飞扬的彩袖将舞蹈推入欢乐飞腾、优美舒展的氛围之中。弦子歌词中常有：

"姑娘的长袖飘起来，小伙子的心儿也飞起来。"

相传藏族彩袖的起源，还要追溯到文成公主进藏的年代。文成公主将内地的服饰传播到藏族地区，故民间舞蹈中女子挥舞长袖的动作便也在藏族舞蹈中流传开来。

弦子舞是唱词、曲调、舞姿三者的完美结合。唱词取材浩荡，包罗万象，忆念父母深恩，歌颂友谊常青，刻画爱情微妙，表达神山崇敬，洞察自然规律；音乐曲调高亢，粗犷豪放，旋律流畅悠扬，节奏鲜亮明快；舞姿刚柔并济，抒情大胆，彩袖飞扬。德钦弦子舞不止是声音和舞姿的艺术，更是德钦人民审美表达、艺术创作、道德价值的体现。

10 别具一格的民间文化

欢乐的弦子舞

藏族人民歌舞同生命共延,在雪原与草地上添一抹艳丽色彩的舞蹈,一定少不了"热巴"。"热巴"在藏语里有两层含意:一是指这种综合艺术本身;二是指粘着长发辫子的人,也可引申为表演这种杂艺歌舞的流浪艺人、漂泊舞者,是一种综合乐舞艺术,伴以鼓和铃,包括说唱、杂技、民间歌舞等。

传说洛扎地区修建寺院时，白天工匠们辛苦盖起来，晚上就被妖魔拆毁。反复折腾之下，米拉日巴组织了108人的热巴乐舞队伍进行表演，精彩的表演迷住了妖魔。在他们一同跳起热巴舞——"一鼓点"时，盖起了一层楼；"三鼓点"时盖起了三层楼；"六鼓点"时盖起了六层楼；跳完"九鼓点"则九层楼就全部建完了。因此，如今的热巴乐舞鼓点一般为一点鼓、三点鼓、六点鼓和九点鼓。

热巴艺人通常以家族为中心，一家人组队四处巡演，或是一家发起几家联合表演，再吸收个别有一技之长的人。演员少则三五人，多则数十人。组成团体后推选德高望重者作领队"捏巴"，再尊技艺高超者作教头"格根"。过去的热巴艺人就是这样一群扶老携幼、浪迹天涯的"热巴措卡"，就是热巴队伍的意思。

在春节或者结婚、集聚的大众场合，藏族人民还喜欢以"卡甲"调侃，用幽默诙谐的语言互相挑刺、揭短、批评指正，既打趣旁人，也拿自己开涮，目的在夸文明事、评缺德事、议不平事、断纠纷事，像是藏族人民自发举行的"民间道德评议会"。"卡甲"绝非刻意组织,非常随意,只要是大众集聚的欢快场合,只要是有三人以上在座,因某个话题或事由在某个时段自然发起,随时随地都可"卡甲"。

德钦藏族"卡甲"这一习俗于2017年6月2日被云南省政府收录入"第四批省级非物质文化遗产代表性项目名录"。

"卡甲"是藏语音译。"卡"在德钦藏语方言里代表嘴巴,而"甲"则是辩解的意思,是德钦地区非常普遍的一种古老的民间习俗,是劳动人民长期在社会生产生活中形成的一种文化娱乐活动,以幽默诙谐的语言相互开玩笑,或用辛辣犀利的词语批评人事,又或引经据典、旁征博引,利用谚语、格言、民谣、俚语等抨击时弊和不良行为;忌讳尖酸刻薄、恶意中伤的发言,在相互朗朗的笑声中善意地"批评和自我批评"。这也是豁达包容、自由自在的藏族人民性格的体现。

"卡甲"是传统藏族村落矛盾陋习的"消声器"、文明新风的"放大器"、行为规范的"晴雨表"。在传统社会中起到规范道德行为、化解矛盾纠纷、增强族群认同、促进道德教化、承载口传文化的社会作用。

德钦的藏族人民好客大方。客人远道而来，必要斟满一碗青稞酒灌下，端上藏式糕点，共庆藏族人民的欢愉时刻，逢上重要的节日或是婚礼，藏族人民家里早早就备下油炸果、"八撒""吉祥结"、龙眼包子、油煎"叙鲁叙鲁"等藏式糕点，好让宾客自行选择喜爱的口味食用，也体现出主人的好客热情。

欢庆佳节时，藏族人民的酒碗里少不了青稞酒"推波助澜"。青稞酒也是年前家家户户就早早备下的，将青稞洗净煮熟，待温度稍降，便加上酒曲，用陶罐或木桶装好封闭，让其发酵两三天后，加入清水盖上盖子，隔一两日后便成了青稞酒。其色泽橙黄，味道酸甜。

喝青稞酒讲究"三口一杯"：先喝一口；倒满，再喝一口；再斟满，喝上第三口后，再斟满干一杯。酒宴通宵达旦，男女主人唱着酒歌敬酒。在藏族人民最盛大的宴会上，还会有专门的敬酒女郎，穿着华丽的服饰，唱着迷人的酒歌。火光映衬着酒色灿灿，再经女郎轮番劝饮，客人非得醉倒才算酣畅。

1921年建成的茨中教堂，给德钦带来圣经的同时，法国名品葡萄"玫瑰蜜"也被带入这片世外河谷。德钦昼夜温差大、光照充足，土壤由天然雪水灌溉，空气纯净。得天独厚的地理条件，是葡萄生长的理想温床。一个半世纪过去了，法国早已绝失的"玫瑰蜜"在德钦枝繁叶茂。从法国传教士那里传下来的葡萄酒酿造工艺，也让德钦逐步打造出了独具特色的高原葡萄酒。

德钦藏族人民的传统服饰，色彩艳丽，走线精细，在夜晚燃烧正旺的篝火下，折射着美丽的光芒，映衬着他们质朴的脸颊。篝火边欢情畅舞的人们，配饰碰撞着弦子的节奏，脚靴踏着衣袖挥舞划开的空气声，尤为动听。

德钦因其自然环境、气候、海拔与其他藏族地区有所差异，所以人们的服饰上融合了康巴服饰文化的传统和新潮，又有本地的特点，色泽鲜艳、五光十色、雍容华贵、典雅大方，于2013年11月被云南省政府收录进"第三批省级非物质文化遗产代表性项目名录"。

特色民间服饰

德钦的藏族服饰按照不同的规矩有不同的分类，根据民族文化和信仰的不同，分为"曲规"（宗教僧尼姑法衣服饰）和"民纳规"（一般服饰）两种；而以地域划分，又作界白马雪山，可分澜沧江流域和金沙江流域服饰，这里的划分以女装服饰差异较大，男式则基本相同；按照海拔可分为农区（河谷地带）

和牧区（高寒地带）类型；按季节可分夏服和冬服；依生活方式，区分农村与城镇的服饰类型（林超民，2003）。

德钦藏族男子服饰特点是肥腰、长袖、大襟，层次重叠，颜色鲜艳醒目，所以通常穿着数件右襟齐腰短衫，称"对通"。与之相配的是外套圆腰开右襟长袍，叫"楚巴"，平时袒右臂，行路和劳作时则两袖结扎于腰间，但拜会贵宾或朝佛时，必须把双袖套上以示恭敬，佩刀、吊刀或其他饰品大多系在腰带上。

年长者头戴金边毡帽、呢礼帽，青年人则爱戴高筒狐皮帽。靴鞋以乌拉靴、长统皮鞋、金绒藏靴较普遍。长裤筒塞入靴筒内用彩色靴带束紧。

德钦藏族女子喜欢外穿宽领无袖长袍，内穿长袖衬衫，料子是丝绸或茧绸，腰束绸带，再系一条色彩艳丽镶金丝缎的围腰，藏语叫"帮典"，俗称"牛肋巴"。长袍多以黑色、褐色为主，老年妇女也穿带袖氆氇长袍。

女子成年后开始妆饰发辫，较华贵的头饰是缠

"帕乌",用红、绿毛线将长发捆扎后,再用"恰玛"或"桑司杜拉"等佩饰装饰,束以银簪固定成三角形。佩戴的首饰多种多样,嵌有玛瑙葱玉的金制、银制耳环(纳龙);雕着十二属相、宝塔或其他图案的佛龛(噶乌);串有玛瑙、珊瑚、玉石的项链串珠;附着铃串、刻有各种花纹图案的银腰带;戴银手镯、银戒指或金戒指。

藏族爱银,一来银是名贵之物,二来白银在藏族的历史和宗教中被视为圣洁、吉祥、高尚的象征。银制的装饰品在藏族人民的配饰中屡见不鲜:佛塔、佛像、佛龛、佛器、护身佛龛(噶乌),手镯、耳环、腰带,以及银包木碗、银刀、银针线筒等,不下二十种,而藏族人民生活中的银制品,更是数不胜数。

藏族民族逐水草迁徙而居,游牧为主,居无定所,漂泊自在,于是他们习惯将财物换成首饰佩戴在身上,祖辈相传,就成了今天藏族人民满身披挂着首饰的佩戴方式,一套藏族服装上的配饰,可能就是一个家族世世代代积累下来的全部财富,故而藏族的配饰华丽、绚烂夺目，反映着的不仅是家族的期盼，也是历史积淀下的民族风貌与气质。

德钦藏族人民的文化、社会、经济发展现状和历史，在德钦人民民风民俗中有着完美再现。你若是穿上藏族的传统服饰，喝上一大碗青稞酒，与藏族姑娘小伙们在篝火堆前舞至醉倒力竭，伏在藏族的牛毛帐篷里睡上一觉起来，在啃着藏式糕点吹风的那个清晨，你才会忽然想起，书本里描述的场景，与现场感受相距甚远。只有亲身体验，才有畅快淋漓之感。

参考文献

庚申，2019. 山体滑坡是怎么回事？[J]. 防灾博览（2）：62-63.

李燕兰，2007. 走读香格里拉——洗却铅华的行程[M]. 昆明：云南人民出版社：24-33.

李燕兰，2008. 茶马古道要地——奔子栏[M]. 昆明：云南民族出版社：55-59.

林超民，2003. 云南乡土文化丛书——迪庆[M]. 昆明：云南教育出版社，2003：4-6，88.

刘盛达，2016. 崩塌地质灾害安全治理方法及措施的研究[J]. 工程技术（引文版）(6)：161.

落文青，2010. 来自大自然的威胁——泥石流[J]. 农家参谋（10）：37.

秦波，2018. 泥石流的成因分析及预防策略[J]. 中国高新科技，35（23）：128-130.

汤世杰等，2017. 一路向上 [M]. 北京：民族出版社：36，67-72.

王研，2016. 云南省德钦县一中河泥石流形成机制和防治对策 [D]. 北京：中国地质大学：78.

魏云杰，2019. 崩塌地质灾害及其防范措施 [J]. 城市与减灾（3）：13-16.

西尼玛，马建忠，2010. 雪山之眼——卡瓦格博神山文化地图 [M]. 昆明：云南民族出版社：21-23，56-58.

晓晓，2010. 泥石流灾难如何自救 [J]. 防灾博览（5）：85.

徐望，2019. 降雨型滑坡地质灾害易发性评价中的特征处理方法 [J]. 区域治理（5）：261.

杨兴坤，李海东，2014. 泥石流灾害的工程预防措施 [J]. 中国水利（10）：54-55，58.

佚名，2008. 泥石流发生有什么前兆？发生时怎么办？[J]. 水利水文自动化（2）：21.

于远忠，1996. 崩塌滑坡地质灾害宏观前兆机理研究 [J]. 中国地质灾害与防治学报，7（S1）：27-30.

张勇，2016. 豫北山区某地质灾害（滑坡）勘查和治理设计 [D]. 郑州：郑州大学.